tollhauskirsch

ach, liebe Frau Tilke

:)

Barbara M.

Barbara Ming

tollhauskirsch

Gedichte

Bilder Roswitha Riebe-Beicht

Vorwort Nora-Eugenie Gomringer

ARACHNE VERLAG

Der Versuch, ein Vorwort

... zu setzen vor eine Menge reifer Wortfrüchte mit Steinen darin und mit Bedeutungen, so vielseitig und verspielt, dass es sich einem dreht und man sich selbst dreht mit der Sprache, die einem im Mund liegt.

Das Tollhaus von Barbara Ming öffnet 99 Gedichträume und kein einziges Blaubartszimmer. Hier darf überall hineingesehen werden. In fünf Kapiteln – auf fünf Ebenen – darf man einer Dichterin nachspüren, die ihr Haus für die Saison Besuchern - Lesern - überlassen hat. Sie finden sich der Offenheit und Unverstelltheit aller Dinge darin ausgesetzt und sind doch bald dankbar für so viele neue Einblicke.

Nach »Kaffeesätze« ist »tollhauskirsch« der zweite Lyrikband von Barbara Ming, den Roswitha Riebe-Beicht mit Radierungen »schattiert« hat: zwei Frauen in künstlerischem Dialog, wobei eine allein bereits einen spannenden und bereichernden Monolog böte. Die graphischen Arbeiten unterstützen die Worte der Dichterin, kommentieren manchmal, zwinkern den Texten zu.

Die einzelnen Gedichte sind in ihre Kapitel eingepasst, wie Möbelstücke am rechten Ort, was seine eigene Dramaturgie bietet. Barbara Ming ist Innenarchitektin im Seelenhaus.

Da staunt eine über die Sprache und die Magie, die in einem Wort, in einem Bild liegen kann, das nicht gleich eindeutig ist und sich nicht sofort beim ersten Blick erschließt. Es werden Alltäglichkeiten absurd – die morgendlichen Fahrgäste der Straßenbahn halten sich an den Stangen fest und werden zu Stripperinnen im Club – Placido Domingo wird »überlagert« zu Placebo Domingo.

Das erste Kapitel »tollhauskirsch« setzt sich mit diesen Spielen, die Erkenntnis schaffen, auseinander, mit der Ich-Wahrnehmung: »meinen Namen /sollte ich sagen und dann / schaute er auf das Türschild / da / stand ich dann auch / neben mir« in der Begegnung mit dem Paketlieferer (s. »Sag mir den Tag«). Zum Ich gehören alle Umstände, alle Zwischenstufen von Sein und Wollen, für die Ming Metaphern findet, die nah sind und ganz fern, nämlich ungewöhnlich. Kleine Zyklen (»drücken oder ziehen«, »oper ativ«), Texte, die in ihrer Form suchend sind – »im Hinterkopf« und »am Fließ-band« erinnern an Sudoku – Fragen, die an den Text als Sinneinheit direkt gerichtet werden. All das lässt mich der Dichterin eine tiefe Neugierde auf die Welt, eine Bewunderungsfähigkeit zusprechen, die mit großer Leidenschaft verbalisiert wird. Die Kapitel »Liederliches« und »Traumtänze« halten Kleinode bereit, Gedichte, die einen Sprache wie Gedanken fühlen lassen: »Einmal«, »Kammgarn« und Zeilen wie »...ist Angst nicht/ noch Schmerz/ ist nur Atem und Haus« (s. »nachts«) oder »wir beäugen/den Kormoran/ wie reglos er/unsere Zeit /verbringt« (s. »widerfahren«).

Das Kapitel »Brandenburg« scheint im ersten Moment ein wenig befremdlich in dieser Sammlung, klärt sich aber bei Lektüre als angemessenes Textkorpus auf. Hier reist das Wort, ist einmal nicht im (Toll-)Haus, sondern drum herum, ist unterwegs, beschreibt dem Leser seine erreisten Weiten.

Das abschließende Kapitel »Nebenwirkungen« blickt auf die Liebe und ihre Täuschungen. Es hält weibliche Einsichten bereit, die auch dem (männlichen) Leser einen köstlichen Voyeurismus bei der Selbsterkenntnis gestatten (s. »ich will ja nur«) und bringt eine Verzweiflung zum Ausdruck, die das Gefühl, vielleicht alle Gefühle entlarven möchte: »und/als ich dich bat/um deine heilenden Hände/da legtest du mir/den Finger/in die Wunde«.

Das Schöne und Ungewohnte an Barbara Mings Gedichten ist die spottlose, direkte, sehr sprachfeine Ehrlichkeit, mit der sie ihre Themen behandelt. Der Zynismus ist ihr kein Dekor, die kluge Ironie ein loderndes Feuer in den Kaminen ihrer Räume.

Kommen Sie, lesen Sie sich ein! Barbara Ming hat den Schlüssel unter die Matte gelegt... Sie sind allein in einem schönen Haus, in dem Sie sich einmal mehr entdecken werden.

Nora-Eugenie Gomringer
Ledig House in Omi, NY, September 2009

schräge Vögel, 2009

tollhauskirsch

ohne Titel, 2005

in dieser Straßenbahn

morgens
um viertel vor
unbeachtet von allen

Menschen
und Hände   wie sie
den tabledance
tanzen

an Stangen
schwingen den Sturz
vermeiden wollen den
unvermeidlichen unsichtbaren
Sturz in einen minder-
jährigen
Tag

Frühlingsgedicht

Mir blühen
in diesem Frühling
die Akupunkturnadeln

und
ein lüsterner
Heilmediziner

Fliegt nur
so fliegt nur
eilends davon

flüstere ich
den Schmetterlingen
im Bauch

sonst
landet ihr
durchstochen

in seiner
Sammlervitrine

drücken oder ziehen 1

überall
neunmalkluge
Besserwisser je
nachdem

überall Türen
Eingänge Ausgänge
Wechsel der Richtung

Pech gehabt
wohin wollten Sie denn

nur manchmal
funktioniert es
automatisch

eine Drehtüre
die den Zögerlichen
Ohrfeigen austeilt

drücken oder ziehen 2

Taxi frei
nicht während der Fahrt
bei Verstößen
haften
Zuwiderhandlungen
Eltern werden strengstens
für ihre Kinder
bestraft
Gurtpflicht

das Betreten des Eises
ist heute geschlossen
Enten füttern dick und fett
durchgestrichen
auf eigene Gefahr
untersagt
der Eigentümer
Wurfsendungen sowie
Rasenspiele
aller Art

drücken oder ziehen 3

Nicht
aus dem Fenster
lehnen Strichmännchen
rennen Treppenstufen
Fluchtweg hier
Notbremsen
und Marke ziehen
Vergehen
laut Paragraph
auf Verlangen Papiere
Unbefugte
werden zivilrechtlich geahndet
Falschparker umgehend
abgeschleppt
Abschlepper ausschließlich
im Betriebshof
geparkt

Einwohnermelde
immer
geradeaus
der Oberkreisdirektor
bitte warten
ihre Nummer wird
aufgerufen

nur
einzeln
eintreten

drücken oder ziehen 4

wo ist denn
die Rampe für Rollstuhlfahrer
zwischen Grünglas
Braunglas Altpapier und
Kleidercontainer
bitte
Abstand halten
im Wendekreis ein Warndreieck
Baumfällarbeiten
vorn an
der Ecke

eine Drückerkolonne
wird eingesammelt

Wolken
und Zugvögel
in den Schaufensterscheiben
Kondensstreifen
gedruckte
Schreibschrift

alles muss
raus

drücken oder ziehen 5

Finger
an einer Hand
durchladen entriegeln
anvisieren und
Bäng

das Luftgewehr
ist waffenscheinfrei

ich habe
Löcher in den
Himmel geschossen
und die Tontauben
zum Schweigen
gebracht

Universum

hieß unser Kino
Sie spielten Sehnsuchtsschnulzen
wir hatten nur Augen
für uns

Flatternd
das Licht durch die Scharte
ein glitzernder Staubstrahl
schwitzige Hände
Abspann

So viele Nachmittage
die machten wir einfach zu Nächten
zwei Königskinder beim Spiel
mit Zepter und Apfel
wir flüsterten Haut

Wie Filme im Film
liefen die Jahre
immer mehr Werbung im Vorspann
immer länger das Warten
auf den brüllenden Löwen
Kann es sein
dass er gähnt?

Und auch die Zuschauer-
Reihen dicht bei dicht alles
zu knapp bemessen
abgestorbene
Beine

Hallo:
War eigentlich
die Frau mit dem Eis
schon da?

die Welt zu Füßen, 2009

von einem Leben ins nächste

bist ja total
ortsunkundig
im nächsten Leben links
und dann immer gerade durch
bis zum Sankt-Nimmerleins-Tag

dort klingelst du
zweimal bei Katzbach
sagst
dass ich dich geschickt habe
mit schönen Grüßen
du seiest der Schwächling
damals vom letzten Wurf

und wollest nur
den alten Sack
abgeben

überlagert

wenn der Tagesthemensprecher
den Tag zusammenfasst
greifst auch du
nach dem Wort

doppelt
vernehme ich
Nachrichten die Kommentare
hämmern mir ins Gehirn
die Bilder im Kopf
bekommen
einen Geisterrand
und

wenn
Pavarotti singt
singst du noch lauter

aber
wenn du mich fragst
ist das gar nicht Pavarotti
sondern Domingo

Placebo
Domingo

rappel die Katz

immer
in Eile die fliegenden Wechsel
eben erst rein in die Kartoffeln und
holterdiepolter schon wieder
raus aus den Klamotten
Hals über kopflos
kann mir jemand
mal helfen
beim Mäuse melken?

Na schön
dann eben nicht   dann
kauf ich mir halt einen Elefanteneuter
drüben im Porzellanladen
zum Schleuderpreis

sag mir den Tag

ich weiß
heute ist Mittwoch
und März

und wer
rechnet schon damit
dass etwas Datiertes
zu unterschreiben ist

der Paketmann hat mich
zweimal streng angeguckt
ob ich die
die ich bin

meinen Namen
sollte ich sagen und dann
schaute er auf das Türschild

da
stand ich dann auch
neben mir

Köder

Fisch-
fangfragen
erst gestern gründelte
der alte Hecht
dieser Bock unter den Räubern
und war doch nur ein
Tümpelpirat

erst gestern
brach dir der Schweiß
aus den Kiemen
fast hingst du am Haken
fast warst du geentert

tja
das ist die Frage
was war zuerst
die Henne oder das Ei
der Wurm oder der Hecht

oder war
aller Anfang nur
ein Wurmfortsatz?*

*Übersetzung des Wortes »Appendix«
aus dem Anglerlateinischen

Überlandfahrt

Liegen da
die abgefahrenen Reifen
wie Lakritze im Feldbett

unter
den weißen Laken
zur Miete wohnen
die Rüben

nur dem Vieh
wurde gekündigt

Karfreitag

um acht
haben sie begonnen
ihn zu quälen
das Kameldorngezweig
zur Krone gewunden
sein Blut aus den Adern
getrieben
in den Kreislauf
der Welt

nach dem Mittag
starrten wir in den
Hagelsturm   die Rinnen
und ich konnten nicht fassen

was geschah
gegen Abend holten
wir die Zwiebeln raus
färbten Eier und
weinten

Nachteulenklage

was aber
wenn aller Tage Abend
nur noch Morgen sein wird

diese ewigen
Sonnenaufgänge
wie ein schadhafter Film
der sich aufgehängt hat
und

Lerchengezwitscher –
seitlich Romeo

zuviel Zahngold
im Munde

und hier die Weinkarte

Tränentraube -
eine Empfehlung des Hauses
Der Kellner spricht
von deutscher Hanglage
Auslese
Jahrgang 38

ach was Öchsle
sagt er
Kosten Sie
diesen Salzgehalt

ääh

Dann
also gar keinen Wein?

Ganz wie Sie wünschen:
zwei Kristall-
nacht-
weizen

Schiffe versenken

Immer
dreht sich alles
um die Mitte   den Treffer
ins Schwarze

nennen wir es
Schiffe versenken
Torpedo an Abschussbasis
ich bin drin

und dann
das steile Aufrichten
der Seufzer des Schlussakkords
als letzter Akt in diesem Spiel

An solchen Tagen
ist ein Bordschütze
krank
vor Sehnsucht
nach seiner Braut

seitlich der Hundertschaft

Nie sonst
ist das Laub
so bunt so lebendig
und der Wald erst   so sinnlich
blutet in allen Farben
Blattgold
und streift im Berührten
die Mooshaut

Ein Flimmern ist
feucht
auch bei Tag
ein Summen ein Sirren
näher als nah   wie
wenn Insekten Lippen hätten
über den Bucheckerkelchen oder
den Eichelgefäßen der Faune

Zickzack
im Kreis führen die Schritte
Flügelschläge ein Spinnwebennetz
emsiges Klopfen
auf Holz

nur keine Leiche noch nicht
dafür Schwammerl
reichlich
am Pirschrand strammstramm
und die Röhrlinge erst in des Pilzkenners
Auge   verschwiegen sei
wo

womöglich
er könnte er würde
sich vergessen vergreifen verfinden
im Untergedicht
hätte er jetzt

ein Messer
dabei

oper ativ I

Vorne
im Suff
im Souffleusekasten
sitzt eine aus

sitzt eine Aushilfe
ohne Mann
ohne Manuskript

und
schneidet diffus
schneidet die Fußnägel
bis zum großen Zeh

Sze-
nen-
wechsel

oper ativ II

Mitte der Bühne
ein Strumpfhosenhüne
Dolch
sticht

In sich
zusammen bricht
eine Frau
ringt
mit dem Tode
Singt
dennoch behende
eine Arie
Findet kein Ende

Nachstechen!
So der Regieassistent
Doch sie
ist todesresistent
beschäftigt
Racheschwur
Koloratur

Von hinten
kommen nun Statisten
allesamt auch sie
Sadisten
Formieren sich
zum Mörderchor

und erstechen
den Tenor

Klo eins tiefer

die Zeitung
am liebsten zwei Tage
im Nachgang   wegen der
Druckerschwärze

Morgenpost
oder die weicheren
Abendnachrichten
acht Blatt aus jeder Seite
ein stets
bestückter
Fleischerhaken

Abriss
Bedürfnisse
Gesellschaft Sport Politik
und der Wirtschaftsteil
für das große

Geschäft

Salons in den Häusern

preußisch
handverlesene Gäste
die guten ins Töpfchen ins Sesselchen
aufs Stühlchen da ist noch ein Hocker
im Wohnzimmerchen englisch mit Stichen
und wer zuerst kommt malt zuerst ein Original
Oel auf Leinwand vor dem Fenster
ein Baum eine Straßentaube
Milben

ein Wasserglas
auf Untersetzer

stille Post
Gedanken vermuten
Gedanken vermuten Gedanken

aus meinem
Buch lesen darf ich
Bücher auslegen
nicht

wegen
der Op-
tik

im Unterschied zu

alle am Hofe haben
von des Kaisers
neuen Kleidern

gesprochen

mit den gewänderten
Worten gespielt
Meer
oder *mehr*
Lehre oder *Leere*

sieh mal an
wie die Akustik doch
das Bild verändern kann

Vas
allen

gefiel

mein Drache

trägt Fliege
zum Schwalbenschwanz
hoch aufgeschossen
ein Eintänzer

Verehrteste
darf ich bitten
hier meinen Arm
hier mein Schnürchen

Natürlich
darf er bitten

doch dann
lass ich ihn
zappeln

im Hinterkopf

die große Lust auf Austern
tropfte ich etwas Zitrone
dir
ins Auge wie schnell es sich
zusammen zog sich bewegte
ein Regenbogentier dem die
Hülle geschrumpft
allen Farbenzauber
komprimiert diese Muscheln
zergehen auf nimmer
Wiedersehen
Perlentaucherzunge die wahre
Potenz sagte ich schlürfend
und viel schweigend ist mehr
als nur

zur Nacht entleerte der
Octopus Himmel seine
Tintenblase über meinem
untiefen Dach

fachsimpeln

jaja
Maler
und ihre Modelle

im leicht unterkühlten
Atelier   das liegt doch nahe
wohin es führt
wenn die letzten Hüllen

und das Geräusch von Stille
ist auch ein Geräusch
hier haben alle
Leinwände
Ohren

sagt
irgendein
Spanner
für Keilrahmen

auch ein Spanner

braucht
Entspannung

Nach so
spannendem Geschehen
sieht man ihn
im Morgengrauen
abgespannt
nach Hause gehen

In die Federn
drängt sein Sinnen
Hut und Mantel
an den Haken

Ach wie lockt
die Schlafstatt linnen
mit dem frischen
Spannbettlaken

an Bord

na bitte   zwei Notausgänge   Rumpf oder Heck   Kopf oder Schwanz
ein Fensterplatz über dem Flügel
himmlisch
irgendwie hat das was von reisenden Engeln   nicht wahr
die Maschine rülpst das Fahrgestell ein   tschuldigung wozu
Schwimmwesten   ist es nicht so dass wir nur über Land   ich
meine   da liegt doch nirgendwo Wasser   unter uns
einzig   die   Steilwandbecken   himmelblau   aus   den
Briefmarkengärten   kreisen ins Auge bis viertausend Meter
vor mir   ein   vielleicht   Pakistani
vor mir   ein   vielleicht   Afghane
vor mir   ein   vielleicht   Libanese
und wir   aufgetankt bis zur Oberlippe
hallo   ja aber klaro   ich bin Fatalist und den Tomatensaft
ohne Pfeffer und Salz
die Sauerstoffmasken sehen irgendwie aus wie Urinbecher
und die Schwimmwesten
haben so einen lustigen   Pusteschlauch
rumpeldiepumpel
huch   was geht denn jetzt ab
                                        hoffentlich
                                        nur eine Turbulenz

das Wasser trägt

schaut
ich mogele nicht
liege den Toten Mann
so lebensecht tot ohne Hand
ohne Fuß kein kleiner Finger paddelt
heimlich ich schwöre

kommt einer
treibt mir zu Leibe
regloser das Gesicht nach
unten

stiehlt mir
die Show

Beschneidung

um Gottes Willen
diese Lilien machen nur
braune Flecken
sagte der Arzt   und wie
geht es uns denn
na schön na schön

griff zu

Klemme
Tupfer und Schere

schnitt
die Staubgefäße
aus den Blüten

weiß
wie Schnee
sein Kittel

einem Klavierstimmer zuschauen

Eine Aussteuertruhe
oder vielleicht   doch eher ein Sarg?
Der Stimmer öffnet alle Deckel   Brustkorb und Bauch
klappt dem Ding das hölzerne Maul auf
Was bist du denn nun   ein trojanisches Pferd?
Und da grinst das Klavier   zeigt lange   weiße Zähne
und die kürzeren schwarzen
Schon beginnen hinterrücks die Wirbelknöchlein zu
klopfen   Herum Muskeln und Sehnen   Seile und Züge
Ungelogen   ich kann sogar schwimmen   sagt es
kann Untergänge überleben   zusammen mit dir in den
Wellen aus Klangsalz und Süße
treiben
treiben

Die Füße des Stimmers vergaß ich
wie sie Schritte treten ins Lied über zwei goldenen Zungen
auf der Schräge sitztanzen und halbe Sprünge   vollführen
eine Polka bittesehr besten Dank
und wenn ich
noch einen Wunsch äußern dürfte:
würden Sie mir die verstummelten Kerzen entzünden
rechts links?

tollhauskirsch

wie tollhauskirsch
behüpft vom
Wirbelwind

Als Kreis im Zickzack
springt der Herbst
ums Grüngerank
und ist ein
Seufzen
überher einander

die aufgebäumten
Farben
liebeskrank
wie wilde Hengste
hinter flattermähnen Stuten

ich seh die Sonne
lange Schatten fluten

und häufe all das
Rot und Gelb und Rost
auf meinen
Lichtkompost

es geht bergab

wie schön
endlich ins Tal

ich war noch nie
begeistert
von den Wolkenschlitzern

mein ist
der Saum
wo der Prophet
die Schuhe von sich wirft
ganz unten

am Fuße
eines Baumes

Bergziege, 2009

falsch verstanden

auf den Händen
kamst du gelaufen

deine Beine
im Spagat die Linie
eins mit dem Himmel
mich zu umarmen

ich habe
nur gelacht

auf Knien

rückwärts
wischt sie entwischt

dem Raum der Wohnung
einem Treppenabsatz
Stufe für Stufe

Mekka ist
wo es
glanztrocknet
sie war noch nie
dort

Rumpelstilzchen, 2009

Liederliches

Peng

tu's nicht
sagte der Knallfrosch

doch sie
hatte schon die
Lippen gespitzt und

peng

zerplatzte
der Traum

Das kommt davon
wenn Prinzessinnen
auf Knallerbsen
sich
nicht mit
dem eigenen Märchen
begnügen können

Dis-tanz aus der Nähe

immer im vierviertel
Takt und   vierviertel sind
hundert prozentig
maximaler Profit
einer zahlt einer kassiert
ich nehme Sie mit aufs Parkett

bei uns stehen
die Absätze im Vordergrund
bei uns wird andersrum
ein Schuh daraus

jemand gibt Schritte vor einer gibt nach
jemand zeigt wo es lang geht und rund
einer fliegt einer stürzt
so ist das
wenn sich hier
was bewegt

wer wo
die Musik macht
möchten Sie wissen
ja wen meinen Sie denn
den Fiedler oder den Pfeifer
den Rumposauner oder
den der die Trommel schlägt

das ist Mundraub

das sind die weggenommenen Lippen der
Verweigerinnen
die entwendeten Küsse
haltet den Dieb
           waren Sie nicht gerade Zeuge

     das ist Ladendiebstahl aus der
Liebesvitrine   genau hier vor meinen
eigenen Augen
dieser Schuft so ein Halunke
aber: (jetzt Grinsen auf den Gesichtern) der
hat es doch glatt übersehen   das mit dem
Ablaufdatum   denn diese Schleimhaut-
Berührung ätsch war bereits preisreduziert
so kurz vor Schluss
gewöhnlich kommen ja um diese Zeit die
Schnäppchenjäger die Resteverwerter
die sich ihr Scheibchen ab schneiden ab
holen ab greifen ab grabschen hmmm
aaah   oooh
      ach sagen Sie bitte sammeln Sie
auch die Rabattmarken von Schleckmecker
also Schmecklecker also von
Schlecker?

Liederliches

Lieder zur Gitarre
was er gerade
so denkt
was in den Sinn kommt
das singt er
von Tätern und Opfern
und Opfern und Tätern und
die Ballade
vom Zähnespucker
die auch

also
Lieder mit Biss
Schundlieder singt er
übers Schindluder singt er
über durchtriebene Treiber

Und eines heißt
Kein schöne Zeit in diesem Land

Da merken die Alten
dass etwas nicht stimmt
mit ihm
und den Liedern

Wie sollte es auch
tagsüber
an einer Straßenecke
zur Gitarre

Genugtuung

Sie hat
meinen Gänseblümchen-
strauß gefressen

wie der Blitz
schlugen ihre Finger ein
versenkten Köpfchen
für Köpfchen

in ihrer
Wortschwallperistaltik
über die Essbarkeit von Blumen
entstengelte sich
meine Liebe
und so

sagte ich nichts
rein gar nichts sagte ich
von meiner Pflückewiese
drei Straßen weiter
genau dort

wo der
Hundeplatz ist

Martinsabend

im Schnee saß
niemand

denn das Thermometer
zeigte 16 Grad
und der arme Mann
war zu teuer geworden
wie das Pferd
oder die Blaskapelle

so standen drei
von der freiwilligen
Feuerwehr um die glühenden
Scheite herum und einige
Kindergärtnerinnen rauchten
neben dem nachtschwarzen Apfelbaum

kleine Jungs
spielten Fußball
mit dem Fallobst

Gänse hatten Stallpflicht
die alten Lieder keine Strophen mehr
muslimische Mütter trugen leere
Plastiktüten für Süßigkeiten

irgendwo waren
wohl auch Laternen
und
Sterne
am Himmel

Sch-lawiner

Ski und Jodeln gut
und auch die rote Piste
nicht gesperrt
am Abend
Schnee
schnupfen
Eis
zapfen
der Kaltmamsell
unter den Reifrock
greifen

ungeeignet als künftiger Liebhaber

So ein Kuss-Schlamper
dieser Plusquamper
denn
er küsst
überhaupt nicht
perfekt

Schon abartig
wie er immer nur
an Vergangenem leckt

Leider aber
ist das ein Teil
seines Wesens

Er treibt es
nämlich
ausschließlich
mit Präteritum-Typen
und immer

ohne
Präsens

von den vielen

Pädophilen
ist kaum einer

keiner

Asterix und Obelix
Miraculix und

Kinderficks
hochgeladen
auf die Sticks
heimlich
von dem Pädowix

Mensch

zum Lachen
ist das nix

Wiesn-Gaudi

Dirnenkleider
mit Puffärmeln

Schürzen
Jäger
Krach
lederne
Domina

alle
Trachten
danach

reichlich Holz
vor der Hütten und
Maß halten auch heuer
wieder geübt im Herrgottswinkel

die Türchen
vom Adventskalender
hat's fast schon aufgeknöpfelt

so lang is eh nimmer
bis zum Geweih-
nachts-
fest

Arme Ritter

immer her damit
und bitte mit Ritter-Nachschlag
ich bin ganz scharf auf diese
Altbackenen
wie sie

in voller Röstung
durch den Weinschaum
reiten

und den Keuschheitsgürtel
muss ich nach jeder Fressorgie
ein Loch
weiter schnallen

ich weiß gar nicht
wer hier für wen die Lanze

bricht

halb so schlimm

das ist nur Gänsehaut
mein heile
heile Gänschen du
blöde Gans

hättest
besser aufpassen
sollen statt im Gänsemarsch
zu diesem Kopfverdreher
diesem Halsabschneider zu laufen

jetzt lümmelt er sich
auf deinen Daunen mit einer anderen
taucht seinen Gänsekiel
in fremde Tinte
und stopft ihr den Schlund
mit Blick auf Keulen
und Brust

kleine Aufforderung eines rheinischen Lüstlings

Komm
bei misch bei
du bist so jung

jenau
die rischtige

Bei
misch
ung

Donnerlittchen

das Lottchen
das Flittchen
verlangt
fürs Gepoppelte
das Doppelte

Strandtag –
ganz anders vorgestellt

Ich stecke
einen Uferweidenstock
in meinen Nabel

Mein nackter Bauch
wird eine Sonnenuhr

Du legst
mir kleine Kieselsteinchen
auf die vollen Stunden
und nennst sie
deine erste Liebesspur

Dann
als der Schatten
so auf Sechs zugeht
schiebst du mein Haar
von deinem Arm
und sagst
es sei schon tierisch spät
ihr äßet
abends immer
warm

mit Tieren reden, 2007

Traumtänze

wenn ein Hausboot träumt

mit geschlossenen
Bullaugen   dann träumt es
von der Mitte des Flusses
von Fahrtwind von Strömung
und vom Schaukeltanz

einmal ablegen
mitsamt der beiden
Geranienkästen der beiden
Gartenstühle mitsamt
der beiden Fahrräder und der
beiden Gestalten an Bord

einmal ein Schiff sein
ein richtiges Schiff
eine Arche

den dicken Bauch
voll mit
Liebe

widerfahren

im Fluss
und doch liegt
das Schiff vor Anker
an seiner Kette auch wir
im Grund verhaftet

Gemeinschaft ist gut
aber will nicht ein jeder
etwas über sich selbst

Sprich
es nicht aus
zwischen Reden und Wind
von allen Elementen

sind Spuren im Atem
und
wir beäugen
den Kormoran
wie reglos er
unsere Zeit
verbringt

wer bist du Schöne

du Schöne
du Unbekannte

gestanzt ins Blech
meiner Einfädelhilfe

So viele
Fäden hast du gezogen
mir durchs Nadelöhr geholfen

mit mir
Risse geflickt
Löcher gestopft

ach
was haben wir alles
miteinander
versäumt

Löffelchen

liegen
möcht ich
mit dir   neben der
Buchstabensuppe

sag nicht
Knochenbrühe
sag lieber Kraftbouillon

sag einfach
komm
das tut gut mit dir

und lass uns
Löffelchen liegen
zwischen all den Messern
und Gabeln

voll vom Stockrosenrot und
vom Schwalbengebälk
geht dein Mund
über mir
Gleichstand der Sonne
Abend für Abend
die kreistiefen
Schreie
zum Gleitflug
wie wenn das Land
sich erhöbe

und doch
schlägt ins lichte
Liedergesumm schwer
von ferne
ein Hund an

Irgendwo
waren wir eingekehrt
hatten vom Süßen getrunken
bis die Hügel und Wolken
zu tanzen begannen

und einer
ich weiß noch
stand uns im Heimweg
der warf schon
das Heu auf

nachts träumt das
Gebälk in den Wänden
zwischen Wärme und Kühle
und der Lehmvogel
zieht sein Gefieder zusammen

das erdet und wurzelt
und steigt und bäumt
und rindet und ästelt
verzweigt sich und laubt
und rauscht in der Krone

und knarrt und stöhnt
und ist Angst nicht
noch Schmerz
ist nur Atem und Haus

und wir
stammen so sehr
voneinander

Einmal

im Leben
habe ich einem
das Meer gezeigt

sein
erstes Meer

wie Liebe
war das und
ein bisschen wie
Gott am siebten Tag

wir standen
Schulter an Schulter

ein warmer Tag

schwebt
aus den Senken
und wie er steigt
als künftiges Motiv

lässt er
den Pinsel eines Malers
zarte Nebelfähnchen schwenken
wie hingewischt
leicht
impressiv

Bauklötze

staunen
wie ein Kind

damit Weltwunder bauen
oder eine Stadt oder ein Dorf
oder ein Haus oder
ein Zimmer

oder
in einem Zimmer
mit einem Lächeln
und einem Kind

Weltwunder

beinahe

hautnah
sitzen die beiden
am Ufer da unten am Ufer
der Nahe

aus nächster Nähe
möchte man sagen:
nichts wäre nahe liegender als...

aber das würde
hier sicher
zu weit führen

Blick aus dem Fenster

Auf den Dächern
verlor ein flüchtender Dieb
Diamanten

Erstaunlich
Wir waren zuhause
und haben nichts bemerkt
vom Einbruch
des Winters

doch irgendwie
muss er gestört worden sein

unsere Frühlingsgefühle
ließ er unangetastet

der Blick zurück, 2008

Fingerzeig

alles zu deinem Besten
ein Spuckefinger
teilt dir den Scheitel
und hier
wird dich das
Kurzzeitgedächtnis verlassen
aber es gibt ja noch
damals

Das wär ihr Preis

gewesen   sagt die Stimme im Kopf
und sie sagt   oh Gott   und er sagt
oh Gott   und beide sagen   oh Gott
oh Gott

und die Zeit sagt   Ach Herrje   und
das Schweigen schweigt   Allmächtiger
und den Rosenkranz
den sie gewunden hatten   dereinst
aus Blüten und Blüten und Blüten
sehen sie   Ave Maria   dahinperlen
wie vergessene Tropfen   an Dornen

Doch nach Beten ist   niemand   zu-
mut vor lauter Feigheit   und er sagt
was er nicht sagt
Du hast dich sehr verändert
und sie sagt
ich hätte dich noch immer
unter Tausenden   heraus
                                                gefunden

masseltov einem verhagelten Tag

der Himmel
wirft mit Reiskörnern
zwei Wolken haben sich soeben
das Ja-Wort gegeben

und
ich bei dieser HochZeit
bin die Mutter der
Windsbraut

Tief

berührt
sieht man mich
später zur Seite gedreht
ins Taschentuch
schnäuzen

so ein schöner
Strömungsfilm
aber auch

Psalm 90

und wenn
es hoch kommt
achtzig Jahr

achtzig mal
den geschnittenen Flieder
im Arm   Zikaden
zwischen blühendem Gras
Mittsommernacht
und all das
Rot der Ahornblätter

achtzig mal
Duft von Äpfeln und Tanne
der Raum ein Lichtermeer
Gesichter dir
zur Seite
dein Name auf
jemandes Lippen

und bleiben
zwei Hände voll
Erinnerung alles   wie Wasser
geschöpft   Summe der Tropfen
verdunsten und tragen auch
dein gespiegeltes Bild
zu den Wolken

Kammgarn

meines Vaters selig
altem Anzug
die Taschen gestülpt
von innen nach außen gedreht
mehr als dreißig Jahr

gefunden

wenig
einen Glückspfennig
ungültige Währung und
dieses Taschentuch
aus Batist
mit einem Knoten
darin

Woran
sich erinnern

Reisen durch
Brandenburg

wahrlich der alte Fritz

hätte seine
helle Freude gehabt
beim Anblick der
zahllosen Gulaschkanonen

zum Erbsenhagel
stehen sie stramm
seine preußischen Garden
in Reih und Glied

Mittagsappell
mit Einlage

der Feind
heißt jetzt Konkurrenz
und lauert mit Dönerspießen
hinterrücks an jedem
Ortsausgang

Evas An(n)atomie
– einer Beobachtung abgelauscht –

ist wie
das Schiffshebewerk
während er auf den Fluss wartet

ein erhebliches Ächzen macht
dass sein Boot fliegen lernt
zwanzig Fuß Luft
unterm Bauch

und dann
bei weit geöffnetem
Wannentor
manövriert er sich hinein
in die hängenden Gärten
von Niederfinow

vorbei am historischen
Triebstockritzel zum Trogwerk
vorbei an
jener Schleusenwärterin
die so märkisch spröde und
prall ihren Arm hebt
zwischen Kettenzug und Geländer

er wäre am liebsten
auf Grund gelaufen

investiv

da wäre
noch eine Insel
zu verkaufen Natur
belassen oder
das Baurecht für
eine Insel oder lieber der
ganze See ohne Ufer oder aber
das ganze Ufer ohne See oder das
Recht auf die Stege oder das Angelrecht
oder das Urheberrecht auf die Fotos
von einem See mit Insel und
Ufer und Stegen

gemischte Gefühle
(Rheinsberg)

Ist leider auch
schon lange tot der Kurt Tucholsky
die besten Bücher wurden mal verbrannt

als ich den Kutscher frage
wo er herkommt sagt er Polski
und knallt mit seiner Peitsche in der Hand

Wir zockeln so
den Schlossweg für Verliebte
der Gaul furzt Pferdeäpfel in den angehängten Sack

dass ich die Facharbeit
genau zu seinem Bilderbuch versiebte
für mich lag das an diesem Nachkriegs-Lehrerpack

Ich fühl mich schlecht
im Nachhang düsterer Gedanken
die Nase voll von Strepto- und von Rokokokken

im Urlaub will man
doch gesunden nicht erkranken
an Orten die zur Sinnlichkeit verlocken

Halbjahressilvester

Vergleiche
sollten zuhause bleiben
wenn wir nach drüben machen
ins neue alte Land

wo Ende Juni
die Leuchtraketen krachen
über den Wipfeln

dass sich
die Ortschaften auf O
am eigenen W verschlucken
als hätten sie den Mund zu
voll genommen

oh weh oh weh
du Pankow du Treptow
du Brielow du Grabow du Roskow du
Sydow du Karow du Lellichow
du Niederfinow

und die Kopfschmerzen erst
am Morgen danach

Hals

über Kopf
stein pflaster

Straßen
wie umgefallene
Burgmauern   Ortschaften
die es zu erholpern gilt
über märkischem Sand

hier wurde schon immer
auf Sand gebaut

hier ist die Heimat
der Stundenglasindustrie

ihre Glasbläser
brauchen
einen langen Atem

am Fließ-   band
                 alle Seen
                 untereinander verbunden
                 ohne Eile verschwimmt Wasser
                 mit Wasser

                 ein Angler zählt nicht
                 die Stunden

                 seine Brückentage
                 lassen viel Zeit
                 für Gedanken

Gurkenflieger

seit
der Frühe
kreisen sie über den Feldern

bäuchlings
das bunte Menschengefieder

Natürlich Niedriglohn
Arbeit im Liegen
auch eine Art von horizontalem Gewerbe
schmutzige Witze erdige Gurken
bis die Hände
zu flattern beginnen

und die Lerchen
sich rotlachen
über der geballten

Sonnenfaust

kleiner Grenzverkehr

schräg fallender Regen
wie Striche
durch die Rechnung

also kein Baden angesagt
sondern nach drüben
zum Polenbasar

Gassen
wasserdichte Planen
Stände und Händler
bieten feil
worauf wir schon immer
scharf waren   kopierte
Originale

ein Damenwäscheverkäufer
hängt XXL-Korsagen
ans Dachgestänge

Ketten
rauchiges Gelächter:
die Deutschen haben gewaltig
zugelegt

in Falladas Garten
(Carwitz)

So viele
Widersprüche
in diesem entlegenen Winkel
der so leise ist und so schlicht
nach Verschwiegenem Ausschau hält
oder nach etwas
von Stimme

Nicht weit
die paar Schritte zum Bootshaus
durchs Fallobst   als ob
immer Dahlien
blühen im Dreieck
der Beete

und so viel Wert
gelegt aufs Bescheidene
täglich in der Stille
zum See

Zwischen Rasen
und Schilfsaum
steht einem der Sinn
schräg   wie ein wackliger Stuhl

auch ich
hatte ihn fast schon
vergessen

Marodie

auf diesem Dachstuhl
hat der schwere Himmel
wohl zu oft
gesessen

ein Fallrohr
nahm sich wörtlich

Im Gaubenfenster
wo die letzte Scheibe überlebte
als Invalide aus dem letzten
Frieden

das Schild
des Maklers

falls eine
der vermilbten Tauben
kaufen möchte

weiß auch nicht wieso

aber
es hat was
strahlt etwas aus
einen maroden Charme
irgendwie als wolle es sagen
jetzt liebe mich doch

mit
all den Schäden
den Verwitterungsspuren

vom Licht
verschossen das über-
sprüngliche
Rot

und doch
färben die nicht mehr
färbenden Küsse

auf
andere
ab

Ende der Saison

Der Bootsverleiher
ist heut nicht erschienen
am Steg
die ersten
Spinngeflechte

der See
ein Klecks aus Lötzinn
als sei vom Ufer
etwas abgebrochen
und einer hätte sich erbarmt
mit Sonnendraht

Im Wasser
unscheinbare Kreise

Fett stehn die Entenbürzel
hochkant zu den Formationen
die schreiend übern Himmel Keile ziehn
wildgänslich Süd so aufgeregt
so fern so
nichts wie weg

In einer
Abfalltonne
Senfpappen   Plastetüten
und ein Babypuppentorso halb
unterm Deckel halb
im Trauerweidenschatten

noch
vom letzten Bad
der Menge

am See, 2008

berlinear

Jenau
ab hier det is
schon Osten hier
und nischt mit Mauer

bis
uff de Krümel
hammer
allet abjetragen

Sehl schade
sagen die Japaner
sind Sie sich
sichel?

außer irdisch

Früher
waren da
nicht auch
Kreise im Kornfeld
niedergedrückte
Mulden noch warm
von Geheimnis

und
waren nicht wir
jene Wesen
die schwerelos über
den Kornblumensaum
schwebten

Besucher
von weit?

Zweimal

gefrorener Schnee
die Versiegelung wetter-
beständig und farbab-
weisend

Schlafmützchen
aus kalter Wolkenwolle
auf jedem Quader
zur Nacht   hinter dem
letzten Licht
ein Dramaturg

von links
nach irgendwo weit
auch ich nur
aufgeschlurfter Ton
im grauen Einschnittmuster

ein Schatten
aus Fleisch und
Blut

Berlin Dezember
Holocaust-Mahnmal

alles eine Frage der Zeit

Ja dann
gute Nacht
und wann soll ich
dich wecken
um dreiviertel acht?

Also
eigentlich fällt mir
dreiviertel acht so schwer
wie fünfsechstel neun oder
siebenachtel zehn und
das Wachwerden an sich
ist für eine Niete in Mathematik
schon schlimm genug

weck mich
einfach um halb

Halb was?

Berliner Küsse

und
wennste ihr
noch mal besuchen willst
denn sollste klingeln
bei dem Urnenträger

denn kommt er
mitten Zollstock uffe Wiese
und vermisst die Stelle
wo se

und du
vermisst se ooch

Nebenwirkungen

Aphorismen

Auf einem Heizungsschacht
unter der Zeitung vom Tage
bündelt die Nacht
ihre Nachricht zur Lage

Wie wir uns betten
so liegen wir im argen
setzen die Schlafmützchen auf
und decken uns mit dem Mäntelchen
der Verschwiegenheit zu

frei-
laufende
Gedanken
aus Bodenhaltung:
iss
deine ungelegten
Eier doch selbst

Wortgewand

wenn der Stoff
vor mir liegt
schneide
ich
zu

reihe
danach
Reihe an Reihe
nähe Nähe an Nähe
dich an Ariadne
Ariadne an dich
euch an euch
an uns

nichts bleibt
unversäumt   kein Zögern
hindert die gewollten Falten
am Wurf

Anproben
wird es geben und

Nadeln
im Mund

das letzte

Lachen
das im Halse
stecken blieb wie
eine quer gestellte Gräte

es war
nicht zu hören
bei der Obduktion

Einzig
der Pathologe
hatte unerklärlich
gute Laune
an diesem Tag

früher oder später

sterben wir
natürlich
alle
eines
natürlichen
Todes

natürlich ist
die Begegnung mit der Gewalt
eine gewaltige Begegnung mit der
Natur
des Menschen

ein eingeschlagener Schädel
für uns nicht so selbst-
verständlich
natürlich
wie eine Hirnblutung
eine Leberzirrhose
ein Darmkrebs
ein Herzinfarkt

Warum eigentlich?
Warum eigentlich
nicht?

von Müdigkeit   übermannt
                             entgleisen mir
                             die weiblichen Gesichtszüge
                             springen einfach aus
                             der schönen Bildnisspur
                             und

                             beugte
                             ich mich
                             über mich

                             wer weiß
                             vielleicht hörte ich
                             ein Sterbenswörtchen
                             vielleicht verlangte ich ja
                             nach dem letzten Himmel

                             Herrgott
                             Sakrament

ich will ja nur

will ja nur
sagt er

und ich weiß
er will alles

und ich sage
alles zu seiner Zeit
und ich meine nicht ihn
nicht ihn nicht die Zeit
und nicht alles

meine
mich und
das Kleingedruckte
und den Beipackzettel und die
Nebenwirkungen

Kultur

welche Kultur?
Es schwimmen
so viele Rätsel in Nährlösungen
Fragen beantworten sich
Antworten befragen sich
wie von selbst

Du wirst erstaunt sein
bald wachsen mehr Kulturen
als angesetzt

aus den
Petrischalen

Kusshändchen

Der Kuss
den ich von meinen Lippen nahm
in meine Hand
und warf

flog

wie ein Bumerang
drehte   als ich schon ging

und traf
mich hart im
Genick

Sundown

Mit einem
einzigen Schnitt
schlachtet der Lichtschächter
die Sonne

es ist absolut
schmerzlos   sagt er
als das Gold zu fließen beginnt
und die Erde trinkt
was ihr zukommt

Auf den Schlafbäumen
federn die geschnäbelten Träume

vogelfrei
vogelfrei

dennoch
wird später ein Urteil

gefellt

schwankend

ist der Seemanns-
gang
aller Dinge

ein Mastbaum
schlägt keine Wurzeln
treibt keine Blüten
und

im Krähennest
sind Adleraugen gefragt

das scheinbare
Land in Sicht oft nur

ein Windei

am Tag der Niederkunft

die Schneewehen
hatten schon eingesetzt

sagte
Frau Holle

dass dies
ihr letztes Kind sei
mit Väterchen Frost

dann legte sie sich
auf die ausgeschüttelten Kissen
und betrachtete lange

die Wiege
der Menschheit

die alten Typen

gibt es
nun nicht mehr
denke ich

ein letzter Richter
sabberte etwas
von den fehlerhaften Typen
einer alten Schreibmaschine
das t habe geklemmt
das o richtige Löcher geschossen
ins Papier
und das a wohl gar nicht
angeschlagen

auf dass er
gezwungen gewesen sei
damals
das ä zu benutzen

Schon
möglich dass so
aus klaffenden Beweislücken
kläffende Beweislücken wurden
und aus geachtet geächtet
tja

aber was ich
wolle von ihm
nach all dieser Zeit
und außerdem sei
im Wort Hinrichtung
kein einziges
a
und
o

während des Rebhuhns mit
Trüffeln an Blattspinat
sprachen sie über den Hunger
vom Mai fünfundvierzig und
von der ersten warmen
Friedensmahlzeit

Da gab es wohl Dinge
zwischen Himmel und Erde
mit Blutwurst
deren
Nachgeschmack
blieb

um eine Wahrheit näher

Du
hast mir
das Pendel gehalten
über meinem Gesicht
schlug es aus

und
als ich dich bat
um deine heilenden Hände
da legtest du mir
den Finger
in die Wunde

es gibt gute Gründe

wo die Worte
kleinen Fischen gleich
ins Schwärmen
geraten

im Spiegelbild
meiner Lippen sah
ich welche
die standen wohl dicht
unter der Oberfläche

doch kaum
dass ich Atem schöpfte
tauchten sie ab

Marianne, 2006

tollhauskirsch

11 in dieser Straßenbahn
12 Frühlingsgedicht
13 drücken oder ziehen 1
14 drücken oder ziehen 2
15 drücken oder ziehen 3
16 drücken oder ziehen 4
17 drücken oder ziehen 5
18 Universum
20 von einem Lebens ins nächste
21 überlagert
22 rappel die Katz
23 sag mir den Tag
24 Köder
25 Überlandfahrt
26 Karfreitag
27 Nachteulenklage
28 und hier die Weinkarte
30 seitlich der Hundertschaft
29 Schiffe versenken
32 oper ativ 1
33 oper ativ 2
34 Klo eins tiefer
35 Salons in den Häusern
36 im Unterschied zu
37 mein Drache
38 im Hinterkopf
39 fachsimpeln
40 auch ein Spanner
41 an Bord
42 das Wasser trägt
43 Beschneidung
44 einem Klavierstimmer zuschauen
46 es geht bergab
48 falsch verstanden
45 tollhauskirsch
49 auf Knien

Liederliches

52 Peng
53 Dis-tanz aus der Nähe
54 das ist Mundraub
55 Liederliches
56 Genugtuung
57 Martinsabend
58 Sch-lawiner
59 ungeeignet als künftiger Liebhaber
60 von den vielen
61 Wiesn-Gaudi
62 Arme Ritter
63 halb so schlimm
64 Aphorismen
65 Strandtag – ganz anders vorgestellt

Traumtänze

68 wenn ein Hausboot träumt
69 widerfahren
70 wer bist du Schöne
71 Löffelchen
72 voll vom Stockrosenrot
73 nachts
74 Einmal
75 ein warmer Tag
76 Bauklötze
77 beinahe
78 Blick aus dem Fenster
80 Fingerzeig
81 Das wär ihr Preis
82 masseltov
83 Psalm 90
84 Kammgarn

Reisen durch Brandenburg

86 wahrlich der alte Fritz
87 Evas An(n)atomie
88 investiv
89 gemischte Gefühle
90 Halbjahressilvester
91 Hals
92 am Fließ-band
93 Gurkenflieger
94 kleiner Grenzverkehr
95 in Falladas Garten
96 Marodie
97 weiß auch nicht wieso
98 Ende der Saison
100 berlinear
101 außer irdisch
102 Zweimal
103 alles eine Frage der Zeit
104 Berliner Küsse

Nebenwirkungen

106 Aphorismen
107 Wortgewand
108 das letzte
109 früher oder später
110 von Müdigkeit
111 ich will ja nur
112 Kultur
113 Kusshändchen
114 Sundown
115 schwankend
116 am Tag der Niederkunft
117 die alten Typen
118 während
119 um eine Wahrheit näher
120 es gibt gute Gründe

Das Copyright an sämtlichen Gedichten liegt bei Barbara Ming.
Die Gedichte *Überlandfahrt, nachts* und *während* wurden mit
freundlicher Genehmigung des Athena-Verlags, Recklinghausen
übernommen aus: Langenberger Texte 4 »Im Gegendlicht«

Für das Vorwort dankt der Arachne Verlag sehr herzlich der Direktorin
der Villa Concordia in Bamberg, Nora-Eugenie Gomringer.

Titelabbildung
Roswitha Riebe-Beicht *Fortuna* 2008
Kaltnadelradierung (148 x 108 mm)
Ebenso sind alle anderen Abbildungen in diesem Buch
Kaltnadelradierungen von Roswitha Riebe-Beicht
Seite 8: schräge Vögel, 2009 (145 x 200 mm)
Seite 10: ohne Titel, 2005 (210 x 150 mm)
Seite 19: die Welt zu Füßen, 2009 (260 x 195 mm)
Seite 47: Bergziege, 2009 (147 x 205 mm)
Seite 50: Rumpelstilzchen, 2009 (235 x 178 mm)
Seite 66: mit Tieren reden, 2007 (208 x 145 mm)
Seite 79: der Blick zurück, 2008 (236 x 178 mm)
Seite 99: am See, 2008 (178 x 236 mm)
Seite 121: Marianne, 2006 (148 x 100 mm)
Seite 125: Siebenmeilenstiefel, 2009 (245 x 147 mm)
Die Künstlerin erteilte die Abdruckgenehmigung.

Bibliografische Information Der Deutschen Bibliothek:
Die Deutsche Bibliothek verzeichnet diese Publikation in der
Deutschen Nationalbibliografie, detaillierte bibliografische Daten
sind im Internet über http://dnb.ddb.de. abrufbar.

ISBN: 978-3-932005-41-1
Arachne Verlag Gelsenkirchen 2010

es geht
so lange
wie es läuft